+Experimentos
Ciências

Elaine Bueno • Carolina Lamas
Alysson Ramos • Rosangela Borba
Euler de Freitas

Nome: _____

Turma: _____

Escola: _____

Professor: _____

Dados Internacionais de Catalogação na Publicação (CIP)
(Câmara Brasileira do Livro, SP, Brasil)

+ Experimentos: ciências, 2 / Elaine Bueno...[et al.]. – São Paulo:
    Editora do Brasil, 2016.

    Outros autores: Carolina Lamas, Alysson Ramos, Rosangela Borba, Euler de Freitas
        ISBN 978-85-10-06350-0 (aluno)
        ISBN 978-85-10-06351-7 (professor)

    1. Ciências (Ensino fundamental) I. Bueno, Elaine. II. Lamas, Carolina. III. Ramos, Alysson. IV. Borba, Rosangela. V. Freitas, Euler de.

16-04104   CDD-372.35

Índices para catálogo sistemático:
1. Ciências: Ensino fundamental 372.35

© Editora do Brasil S.A., 2016
Todos os direitos reservados

Direção geral: Vicente Tortamano Avanso
Direção adjunta: Maria Lucia Kerr Cavalcante de Queiroz

Direção editorial: Cibele Mendes Curto Santos
Gerência editorial: Felipe Ramos Poletti
Supervisão editorial: Erika Caldin
Supervisão de arte, editoração e produção digital: Adelaide Carolina Cerutti
Supervisão de direitos autorais: Marilisa Bertolone Mendes
Supervisão de controle de processos editoriais: Marta Dias Portero
Supervisão de revisão: Dora Helena Feres
Consultoria de iconografia: Tempo Composto Col. de Dados Ltda.

Coordenação de edição: Angela Sillos
Edição: Nathalia C. Folli Simões, Rafael Braga de Almeida e Sabrina Nishidomi
Assistência editorial: Ana Caroline Mendonça, Erika Maria de Jesus e Mateus Carneiro Ribeiro Alves
Auxílio editorial: Aline Tiemi Matsumura
Coordenação de revisão: Otacilio Palareti
Copidesque: Ricardo Liberal
Revisão: Alexandra Resende e Alice Gonçalves
Coordenação de iconografia: Léo Burgos
Pesquisa de capa: Léo Burgos
Pesquisa iconográfica: Léo Burgos
Coordenação de arte: Maria Aparecida Alves
Assistência de arte: Carla Del Matto
Design gráfico: Estúdio Sintonia e Patrícia Lino
Capa: Maria Aparecida Alves
Imagem de capa: Maury75/Shutterstock.com
Ilustrações: Estudio Mil, Hélio Senatore, Imaginario Studio, Luiz Lentini
Coordenação de editoração eletrônica: Abdonildo José de Lima Santos
Editoração eletrônica: Gabriela César
Coordenação de produção CPE: Leila P. Jungstedt
Controle de processos editoriais: Beatriz Villanueva, Bruna Alves, Carlos Nunes e Rafael Machado

1ª edição / 1ª impressão, 2016
Impresso na AR Fernandez Gráfica

Rua Conselheiro Nébias, 887 – São Paulo/SP – CEP 01203-001
Fone: (11) 3226-0211 – Fax: (11) 3222-5583
www.editoradobrasil.com.br

Sumário

Aprender Ciências com atividades experimentais 4

Regras de segurança para as atividades 5

Material comum de laboratório 6

Faça você mesmo 7

Corpo humano e saúde 8

1. Vamos observar sua impressão digital? 8
2. Álbum de fotografias 10
3. Por que não enxergamos no escuro? 12
4. Adivinhe o que é! 14
5. Vamos brincar de cabra-cega? 16
6. Sentindo o gosto e o sabor dos alimentos 18
7. Escutando o ambiente: Quantos barulhos existem a minha volta? 20
8. Como os sons chegam até nossas orelhas? 22
9. Você acha que somente na praia bronzeamos nossa pele? 24
10. Você já teve dor de dente ou conhece alguém que já teve? 26

Vida e ambiente 28

11. Você já observou que as flores têm partes diferentes? 28
12. Como nascem as plantas? 30
13. Toda planta precisa de água? 32
14. Toda planta precisa de luz? 34

Universo e tecnologia 36

15. A audição e as vibrações 36
16. Representando o ambiente 38
17. Como funciona uma bicicleta? 40
18. Como funciona um monjolo? 42
19. Modelo de aspirador de pó 44
20. Como podemos levantar um objeto pesado? 46

Aprender Ciências com atividades experimentais

Há muitos modos de aprender algo novo. Um deles é a atividade experimental, quando podemos explorar o que está a nossa volta.

Nas atividades aqui propostas, você realizará procedimentos, observará fenômenos e fará testes para ver como as coisas são ou funcionam.

Você pode conhecer melhor a natureza observando um jardim, um pomar ou a chuva, sentindo o cheiro dos alimentos, os sons do ambiente... Enfim, o mundo pode ser um grande laboratório.

Regras de segurança para as atividades

Muitas vezes, ao realizar um experimento, é preciso usar instrumentos ou substâncias que podem trazer riscos à saúde ou ao ambiente. Por isso, existem alguns cuidados que devem ser tomados.

Regras de segurança

- Não mexa em nada sem a autorização do professor.
- Espere pela orientação do professor antes de começar qualquer procedimento.
- Siga sempre os passos descritos no texto; não os modifique nem inverta a sequência.
- Avise sempre o professor caso aconteça algo inesperado.
- Não cheire nem prove nenhum tipo de substância sem que o professor lhe peça.
- Tome sempre o máximo cuidado ao mexer com objetos de vidro.
- Jogue o material descartado em cestos de lixo.
- Mantenha o ambiente em ordem, limpo e organizado.

Material comum de laboratório

Tubo de ensaio: tubo de vidro utilizado para misturar ou armazenar as substâncias durante os experimentos.	
Béquer: recipiente de vidro usado para misturar ou medir substâncias.	
Lupa: serve para ampliar a imagem de objetos e seres visíveis a olho nu.	
Funil: objeto utilizado para filtrar ou transferir substâncias entre recipientes.	
Pinça: útil para pegar objetos.	

Faça você mesmo

Faça, com os colegas e o professor, alguns materiais para equipar o laboratório da escola usando objetos fáceis de encontrar ou resíduos descartados.

As garrafas PET são um exemplo de objeto que pode ser reaproveitado. Assim você ajuda a economizar e ainda reduz a quantidade de lixo.

Veja como fazer um funil, um recipiente como o béquer ou uma floreira.

Para isso, peça a um adulto que corte uma garrafa, que pode ser de 2 litros, 1 litro e meio ou 600 mililitros.

Cortada como mostrado na imagem abaixo, a garrafa pode ser utilizada para o cultivo de plantas.

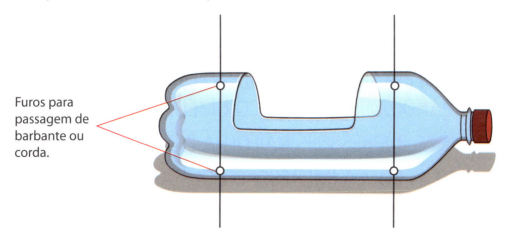

Furos para passagem de barbante ou corda.

CORPO HUMANO E SAÚDE

1. VAMOS OBSERVAR SUA IMPRESSÃO DIGITAL?

É POSSÍVEL IDENTIFICAR UMA PESSOA RECONHECENDO AS LINHAS DE SEUS DEDOS. ESSAS LINHAS SÃO CHAMADAS IMPRESSÕES DIGITAIS.

MATERIAL:
- ALMOFADA DE CARIMBO COM TINTA;
- UMA FOLHA DE PAPEL SULFITE;
- PANO ÚMIDO OU LENÇO UMEDECIDO.

COMO FAZER

1. PEÇA A UM ADULTO QUE O AUXILIE A PRESSIONAR SEU POLEGAR (DIREITO OU ESQUERDO) CONTRA A ALMOFADA DE TINTA.
2. EM SEGUIDA, PRESSIONE-O NA PÁGINA AO LADO.
3. FORME UM GRUPO COM ALGUNS COLEGAS E, JUNTOS, COLETEM AS IMPRESSÕES DIGITAIS DO DEDO POLEGAR DE TODOS DO GRUPO EM UMA FOLHA DE PAPEL SULFITE.
4. APÓS A COLETA DAS IMPRESSÕES DIGITAIS, LIMPE O DEDO COM O PANO ÚMIDO OU LENÇO UMEDECIDO.
5. OBSERVE AS IMPRESSÕES NA FOLHA E TENTE LOCALIZAR A SUA.
6. COMPARE-A COM A IMPRESSÃO COLETADA SEPARADAMENTE E VERIFIQUE SE ACERTOU.

REGISTRO DOS RESULTADOS E CONCLUSÃO

NOME: _____

TURMA: _____ DATA: _____ / _____ / _____

1 REGISTRE AQUI SUA IMPRESSÃO DIGITAL.

2 VOCÊ JÁ HAVIA COLETADO SUA IMPRESSÃO DIGITAL ANTES? SE SIM, EM QUE SITUAÇÃO?

_____

_____

_____

3 SUA IMPRESSÃO DIGITAL E AS DE SEUS COLEGAS SÃO IGUAIS OU DIFERENTES?

_____

4 NA TURMA FOI ENCONTRADA ALGUMA IMPRESSÃO DIGITAL IGUAL PARA PESSOAS DIFERENTES?

_____

5 VOCÊ CONSEGUIU ENCONTRAR SUA IMPRESSÃO DIGITAL NA FOLHA DE PAPEL SULFITE? TEVE ALGUMA DIFICULDADE?

_____

_____

2. ÁLBUM DE FOTOGRAFIAS

PODEMOS VERIFICAR MUDANÇAS, SEMELHANÇAS E DIFERENÇAS OBSERVANDO FOTOGRAFIAS?

MATERIAL:

- CARTOLINA;
- COLA;
- FOTOGRAFIAS ANTIGAS E RECENTES;
- PAPEL SULFITE;
- LÁPIS;
- LÁPIS DE COR OU GIZ DE CERA;
- TESOURA SEM PONTA;
- GRAMPEADOR;
- RÉGUA.

COMO FAZER

1. PEÇA A AJUDA DE UM ADULTO DE SUA FAMÍLIA PARA SEPARAR ALGUMAS FOTOGRAFIAS SUAS EM DIFERENTES ÉPOCAS DA VIDA. ESCOLHA ALGUMAS EM QUE VOCÊ ESTEJA COM SEUS FAMILIARES E/OU AMIGOS.

2. COLE CADA FOTOGRAFIA EM FOLHA DE PAPEL SULFITE. ESCREVA EMBAIXO DELA O QUE VOCÊ ESTAVA FAZENDO NO MOMENTO E, SE POSSÍVEL, A DATA OU A ÉPOCA EM QUE FOI TIRADA.

3. COM O LÁPIS DE COR OU GIZ DE CERA, DESENHE MOLDURAS NAS FOTOGRAFIAS, ENFEITANDO CADA PÁGINA DE SEU ÁLBUM.

4. RECORTE UM PEDAÇO RETANGULAR DE CARTOLINA COM 70 CM DE COMPRIMENTO POR 50 CM DE LARGURA. DOBRE ESSE PEDAÇO DE CARTOLINA AO MEIO E ESCREVA "ÁLBUM DE FOTOGRAFIAS". ESSA SERÁ A CAPA DO ÁLBUM.

5. COLOQUE AS FOLHAS DE PAPEL SULFITE DENTRO DA CAPA E PEÇA A UM ADULTO QUE GRAMPEIE SEU ÁLBUM.

REGISTRO DOS RESULTADOS E CONCLUSÃO

NOME: _____

TURMA: _____ DATA: _____/_____/_____

1 OBSERVE SUAS FOTOGRAFIAS EM DIFERENTES ÉPOCAS. COMPARE-AS E ESCREVA ALGUMAS MUDANÇAS QUE OCORRERAM COM VOCÊ.

_____

_____

_____

2 NAS FOTOGRAFIAS EM QUE VOCÊ ESTÁ COM SEUS COLEGAS, QUAIS SÃO AS SEMELHANÇAS E AS DIFERENÇAS QUE VOCÊ OBSERVA?

_____

_____

_____

3 PELA EXPRESSÃO NO ROSTO DAS PESSOAS É POSSÍVEL SABER SE ESTÃO ALEGRES OU TRISTES? EXPLIQUE.

_____

_____

_____

_____

4 OBSERVE AS FOTOGRAFIAS DE SEUS FAMILIARES. VOCÊ CONHECE OS LOCAIS ONDE ELAS FORAM TIRADAS?

_____

_____

5 VOCÊ ACHA QUE ESSES LOCAIS HOJE CONTINUAM IGUAIS?

_____

_____

3. POR QUE NÃO ENXERGAMOS NO ESCURO?

PARA ENXERGARMOS HÁ UM FATOR DO AMBIENTE QUE É MUITO IMPORTANTE. QUE FATOR É ESSE?

MATERIAL:

- UMA CAIXA DE SAPATOS COM TAMPA;
- TESOURA SEM PONTA;
- CARTOLINA PRETA;
- FITA ADESIVA E COLA BRANCA LÍQUIDA;
- 4 TAMPAS DE GARRAFA PET;
- TINTAS GUACHE VERMELHA, AMARELA, AZUL E VERDE.

COMO FAZER

1. PEGUE AS TAMPAS DE GARRAFA E PINTE A PARTE DE FORA DE CADA UMA DELAS COM UMA COR DE TINTA.
2. COLE AS TAMPAS NA PAREDE INTERNA DA CAIXA E AGUARDE ATÉ SECAR.
3. PEÇA A AJUDA DE UM ADULTO PARA FAZER UM FURO CIRCULAR DE 1 CM DE DIÂMETRO NA PAREDE OPOSTA À QUE ESTÃO COLADAS AS TAMPAS DE GARRAFA E UM FURO NO CENTRO DA TAMPA DA CAIXA. VEDE ESTE ÚLTIMO FURO COM UM PEDAÇO DE CARTOLINA BEM FIXADO COM FITA ADESIVA.
4. TAMPE A CAIXA E OLHE PELO ORIFÍCIO DA PAREDE OPOSTA ÀS TAMPAS DE GARRAFA. REGISTRE SUA OBSERVAÇÃO.
5. OLHE NOVAMENTE POR ESSE ORIFÍCIO LATERAL E DESTAMPE O ORIFÍCIO DA TAMPA EM CIMA DA CAIXA. MUDOU ALGUMA COISA EM SUA OBSERVAÇÃO?

REGISTRO DOS RESULTADOS E CONCLUSÃO

NOME: _____

TURMA: _____ DATA: _____ / _____ / _____

1 O QUE VOCÊ VIU AO OLHAR PELO ORIFÍCIO LATERAL COM A TAMPA DA CAIXA TOTALMENTE FECHADA?

_____

_____

_____

2 POR QUE VOCÊ ACHA QUE ISSO ACONTECEU?

_____

_____

_____

3 AO OLHAR PELO ORIFÍCIO LATERAL COM O FURO DA TAMPA DA CAIXA DESTAMPADO, O QUE VOCÊ VIU?

_____

_____

_____

_____

4 O QUE MUDOU? POR QUE VOCÊ ACHA QUE ISSO ACONTECEU?

_____

_____

_____

_____

_____

5 O QUE É PRECISO EXISTIR PARA PODERMOS ENXERGAR?

_____

4. ADIVINHE O QUE É!

É POSSÍVEL RECONHECER OBJETOS DE OLHOS VENDADOS? PARA COMPROVAR, FAÇA A ATIVIDADE A SEGUIR.

MATERIAL:

- VENDA PARA OS OLHOS (INDIVIDUAL);
- CAIXA DE PAPELÃO GRANDE COM TRÊS ORIFÍCIOS NA LATERAL, POR ONDE SEJA POSSÍVEL INTRODUZIR AS MÃOS;
- OBJETOS COM DIFERENTES TEXTURAS, FORMAS, TAMANHOS (LIXA, PEDRA, ESPONJA, BORRACHA, GIZ, CHAVE, ALGODÃO, MAÇÃ ETC.).

COMO FAZER

1. FORME UM GRUPO COM OS COLEGAS. CADA GRUPO DEVE ESCOLHER TRÊS OBJETOS PARA REALIZAR O EXPERIMENTO COM OS COLEGAS DE OUTROS GRUPOS.

2. CADA GRUPO DEVE COLOCAR OS OBJETOS QUE ESCOLHEU DENTRO DA CAIXA DE PAPELÃO, PRÓXIMO AOS ORIFÍCIOS, PARA QUE OS PARTICIPANTES DO GRUPO SEGUINTE TENTEM ADIVINHAR QUE OBJETOS SÃO ESSES.

3. O PROFESSOR COLOCARÁ A VENDA NOS OLHOS DE UM ALUNO POR VEZ.

4. EM SEGUIDA, O ALUNO COLOCARÁ A MÃO ATRAVÉS DO ORIFÍCIO PARA APALPAR O OBJETO E TENTAR DESCOBRIR O QUE É.

5. NA SUA VEZ, DESCREVA A SENSAÇÃO E TENTE DESCOBRIR O QUE É.

6. DEPOIS TIRE A VENDA E OBSERVE OS OBJETOS QUE APALPOU.

REGISTRO DOS RESULTADOS E CONCLUSÃO

NOME: _____

TURMA: _____ DATA: _____/_____/_____

1 REGISTRE NO QUADRO ABAIXO O QUE VOCÊ ACHOU QUE HAVIA NOS ORIFÍCIOS 1, 2 E 3 E O QUE REALMENTE HAVIA.

ORIFÍCIO	MEU PALPITE	O QUE ERA
1		
2		
3		

2 ALGUM OBJETO DESPERTOU EM VOCÊ UMA SENSAÇÃO NÃO AGRADÁVEL AO TOQUE? ALGUM OUTRO DESPERTOU EM VOCÊ UMA SENSAÇÃO AGRADÁVEL? EXPLIQUE.

_____

_____

_____

_____

3 VOCÊ NÃO CONSEGUIU RECONHECER ALGUM OBJETO PELO TATO? EXPLIQUE.

_____

_____

_____

4 COM O GRUPO FAÇA UM CARTAZ MOSTRANDO A IMPORTÂNCIA DO SENTIDO DO TATO EM NOSSO COTIDIANO. PODEM SER DESENHOS, RECORTES E COLAGENS. EXPONHAM O TRABALHO NO MURAL DA SALA DE AULA.

5. VAMOS BRINCAR DE CABRA-CEGA?

É POSSÍVEL RECONHECER PESSOAS DE OLHOS VENDADOS? A BRINCADEIRA DE CABRA-CEGA VAI NOS MOSTRAR SE OUTROS SENTIDOS PODEM SER ÚTEIS NESSA TAREFA.

MATERIAL:
- VENDA PARA OS OLHOS (INDIVIDUAL).

COMO FAZER

1. ORGANIZEM-SE EM GRUPO NA QUADRA OU PÁTIO DA ESCOLA.
2. OCUPEM O ESPAÇO DELIMITADO PELAS LINHAS DA QUADRA.
3. UM ALUNO FICARÁ NO CENTRO E COLOCARÁ A VENDA COM A AJUDA DO PROFESSOR. ELE SERÁ A "CABRA-CEGA", QUE VAI TENTAR PEGAR UM COLEGA.

4. UMA VEZ A CABRA-CEGA SOLTA, OS ALUNOS PODEM CORRER SOMENTE DENTRO DO ESPAÇO DELIMITADO.
5. QUANDO A CABRA-CEGA CONSEGUIR PEGAR UM DOS COLEGAS, ESTE DEVERÁ FALAR O NOME DO ALUNO QUE ESTÁ SENDO A CABRA-CEGA. ENTÃO, PELA VOZ, A CABRA-CEGA DEVE DESCOBRIR QUE COLEGA ELA PEGOU.
6. SE DESCOBRIR, O ALUNO QUE FOI PEGO ASSUME O PAPEL DE CABRA-CEGA, E A BRINCADEIRA CONTINUA.

REGISTRO DOS RESULTADOS E CONCLUSÃO

NOME: _____

TURMA: _____ DATA: _____/_____/_____

1 VOCÊ JÁ TINHA BRINCADO DE CABRA-CEGA?

_____

2 QUAIS SENTIDOS O PARTICIPANTE DA BRINCADEIRA USA PARA ENCONTRAR OS COLEGAS?

_____

_____

3 FOI DIFÍCIL IDENTIFICAR OS COLEGAS PELO SOM DA VOZ DELES? POR QUÊ?

_____

_____

_____

_____

_____

4 LEMBRE-SE DE UM SOM DE QUE VOCÊ GOSTA E DE OUTRO, DE QUE NÃO GOSTA. DEPOIS, ESCREVA ABAIXO ALGUMAS CARACTERÍSTICAS DE CADA UM DESSES SONS.

A) SOM DE QUE GOSTA:

_____

_____

B) SOM DE QUE NÃO GOSTA:

_____

_____

6. SENTINDO O GOSTO E O SABOR DOS ALIMENTOS

VOCÊ SABE QUAIS SENTIDOS SÃO RESPONSÁVEIS POR NOS AUXILIAR NA IDENTIFICAÇÃO DOS SABORES?

MATERIAL:

- COPOS PLÁSTICOS;
- TRÊS JARRAS COM ÁGUA, ENUMERADAS DE 1 A 3;
- REFRESCOS EM PÓ DE TRÊS SABORES DIFERENTES;
- COLHER;
- VENDA PARA OLHOS (INDIVIDUAL).

COMO FAZER

1. REÚNAM-SE EM GRUPOS DE TRÊS ALUNOS.
2. PEÇAM A AJUDA DE UM ADULTO E PREPAREM, EM CADA JARRA, UM REFRESCO DE UM SABOR DIFERENTE.
3. UM ALUNO POR VEZ DEVE SER VENDADO PELO PROFESSOR.
4. EM SEGUIDA, ELE PROVARÁ OS REFRESCOS. COLOQUEM CADA SABOR EM UM COPO.
5. PEÇAM-LHE QUE TAMPE O NARIZ, TOME UM GOLE DE REFRESCO E DIGA DE QUE SABOR ELE É.
6. ANOTEM AS RESPOSTAS NO REGISTRO DOS RESULTADOS.
7. REPITAM O PROCESSO, MAS DESSA VEZ PEÇAM QUE O COLEGA PROVE CADA COPO DE REFRESCO COM O NARIZ DESTAMPADO E TENTE IDENTIFICAR O SABOR DO LÍQUIDO.
8. REPITAM O EXPERIMENTO COM OUTRO COLEGA DO GRUPO.

REGISTRO DOS RESULTADOS E CONCLUSÃO

NOME: _____

TURMA: _____ DATA: _____ / _____ / _____

1 ANOTE NOS QUADROS OS SABORES INDICADOS PELO GRUPO.

SEU NOME: _____

	REFRESCO 1	REFRESCO 2	REFRESCO 3
COM O NARIZ TAMPADO			
COM O NARIZ DESTAMPADO			

NOME DO ALUNO: _____

	REFRESCO 1	REFRESCO 2	REFRESCO 3
COM O NARIZ TAMPADO			
COM O NARIZ DESTAMPADO			

NOME DO ALUNO: _____

	REFRESCO 1	REFRESCO 2	REFRESCO 3
COM O NARIZ TAMPADO			
COM O NARIZ DESTAMPADO			

2 VOCÊ CONSEGUIU IDENTIFICAR O SABOR DO REFRESCO COM O NARIZ TAMPADO? E COM O NARIZ DESTAMPADO? RESPONDA E DEPOIS RELATE SUA EXPERIÊNCIA AOS COLEGAS.

_____

_____

7. ESCUTANDO O AMBIENTE: QUANTOS BARULHOS EXISTEM A MINHA VOLTA?

VOCÊ JÁ PERCEBEU QUE O MUNDO À NOSSA VOLTA É CHEIO DE SONS DIFERENTES? O QUE SERIA PARA VOCÊ UM SOM AGRADÁVEL E UM DESAGRADÁVEL?

NESTE EXPERIMENTO VOCÊ APRENDERÁ MAIS COISAS SOBRE OS SONS.

MATERIAL:

• CADERNO E LÁPIS.

COMO FAZER

1. COM O PROFESSOR E OS COLEGAS, VOCÊ VAI DAR UM PASSEIO EM TORNO DA ESCOLA.

2. FORME DUPLA COM UM COLEGA PARA FAZER AS OBSERVAÇÕES.

3. CADA ALUNO DEVERÁ TER UM CADERNO E LÁPIS PARA ANOTAÇÕES.

4. VOCÊ E SEU COLEGA, ORIENTADOS PELO PROFESSOR, PROCURARÃO OUVIR A MAIOR QUANTIDADE DE SONS VINDOS DO AMBIENTE. PARA ISSO É NECESSÁRIO CONCENTRAÇÃO E SILÊNCIO.

5. QUANDO O PROFESSOR SOLICITAR, FECHE OS OLHOS E PRESTE ATENÇÃO A TODOS OS SONS DO AMBIENTE.

6. DEPOIS, ESCREVA NO RELATÓRIO TUDO O QUE OUVIU.

REGISTRO DOS RESULTADOS E CONCLUSÃO

NOME: _____

TURMA: _____ DATA: _____/_____/_____

1 DESCREVA ABAIXO OS SONS QUE VOCÊ PERCEBEU QUANDO O PROFESSOR PEDIU QUE FECHASSE OS OLHOS.

_____

_____

_____

_____

_____

2 CLASSIFIQUE NO QUADRO A SEGUIR OS SONS QUE OUVIU.

AGRADÁVEL	DESAGRADÁVEL

3 QUE ÓRGÃO DO SENTIDO POSSIBILITOU OUVIR OS SONS?

_____

4 DESSES SONS, É POSSÍVEL SABER QUAIS FORAM PRODUZIDOS POR ALGO QUE ESTAVA MAIS PERTO E QUAIS FORAM PRODUZIDOS POR ALGO QUE ESTAVA MAIS LONGE? EXPLIQUE.

_____

_____

_____

5 DOS SONS QUE VOCÊ OUVIU, O QUE FOI IGUAL E O QUE FOI DIFERENTE DOS SONS OUVIDOS POR SEU COLEGA DE DUPLA? COMENTE COM OS COLEGAS.

8. COMO OS SONS CHEGAM ATÉ NOSSAS ORELHAS?

ESCREVA NO CADERNO O QUE VOCÊ PENSA SOBRE ISSO. DEPOIS FAÇA O EXPERIMENTO PARA CONFERIR.

MATERIAL:

- UM PEDAÇO DE BARBANTE DE 80 CM;
- DUAS COLHERES DE METAL.

COMO FAZER

1. ORGANIZEM-SE EM DUPLAS.
2. ENCONTRE O MEIO DO BARBANTE E AMARRE UMA DAS COLHERES NESSE PONTO.

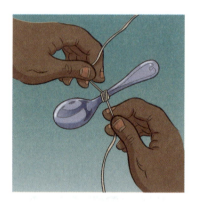

3. PASSE UMA PONTA DO BARBANTE POR TRÁS DE CADA ORELHA E CONTINUE SEGURANDO-A COM A MÃO.
4. INCLINE-SE COM A CABEÇA UM POUCO PARA A FRENTE PARA QUE A COLHER NÃO ENCOSTE EM SEU CORPO.

5. PERMANEÇA POR 10 SEGUNDOS COM A COLHER NESSA POSIÇÃO.
6. EM SEGUIDA, SOLICITE AO COLEGA QUE BATA COM A OUTRA COLHER SOBRE A COLHER QUE ESTÁ AMARRADA NO BARBANTE.
7. AGUARDE O SOM PARAR DE CHEGAR A SUAS ORELHAS.

REGISTRO DOS RESULTADOS E CONCLUSÃO

NOME: _____

TURMA: _____ DATA: _____ / _____ / _____

1 VOCÊ OUVIU ALGUM SOM DA COLHER ENQUANTO ELA ESTAVA APENAS AMARRADA NO BARBANTE?

_____

2 O QUE ACONTECEU COM A COLHER QUANDO SEU COLEGA BATEU NELA COM A OUTRA COLHER?

_____

_____

3 O QUE CONDUZIU O SOM PRODUZIDO COM AS COLHERES ATÉ SUAS ORELHAS?

_____

4 O QUE OCORREU QUANDO A COLHER PAROU DE SE MOVIMENTAR?

_____

_____

5 RETOME SUAS HIPÓTESES DO INÍCIO DO EXPERIMENTO E COMPARE COM O QUE VOCÊ APRENDEU COM ELE. ESCREVA OU REPRESENTE SUA CONCLUSÃO POR MEIO DE UM DESENHO.

9. VOCÊ ACHA QUE SOMENTE NA PRAIA BRONZEAMOS NOSSA PELE?

COMO PODEMOS VER OS EFEITOS DO SOL EM NOSSA PELE NO DIA A DIA? CONVERSE COM OS COLEGAS E PENSEM SOBRE ISSO. DEPOIS, FAÇAM O EXPERIMENTO.

MATERIAL:
- FITA DE CETIM OU PULSEIRA.

COMO FAZER

1. PEGUE A FITA E AMARRE-A NO BRAÇO. CUIDADO PARA NÃO APERTAR DEMAIS.
2. USE-A DURANTE UMA SEMANA.
3. APÓS UMA SEMANA, RETIRE A FITA E OBSERVE A DIFERENÇA ENTRE A PELE DA REGIÃO QUE FICOU SOB A FITA E A PELE DA REGIÃO SEM FITA.

REGISTRO DOS RESULTADOS E CONCLUSÃO

NOME: _____

TURMA: _____ DATA: _____ / _____ / _____

1 OBSERVE O QUE ACONTECEU E DESENHE O RESULTADO.

2 HÁ DIFERENÇA ENTRE O QUE VOCÊ ACHOU QUE OCORRERIA E O QUE REALMENTE OCORREU? EXPLIQUE.

_____

_____

_____

3 CONVERSE COM OS COLEGAS E VEJA QUAIS FORAM OS RESULTADOS DELES. FORAM IGUAIS AO SEU?

4 CONVERSE COM O PROFESSOR E OS COLEGAS A RESPEITO DO USO DE PROTETOR SOLAR. DEVEMOS USÁ-LO DIARIAMENTE? POR QUÊ?

10. VOCÊ JÁ TEVE DOR DE DENTE OU CONHECE ALGUÉM QUE JÁ TEVE?

A HIGIENE DA BOCA DEVE SER FEITA SEMPRE APÓS AS REFEIÇÕES.

MATERIAL:

- ESPELHO;
- LÁPIS;
- BORRACHA;
- ESCOVA DE DENTES;
- FIO DENTAL.

COMO FAZER

1. FORME UM GRUPO COM TRÊS COLEGAS.
2. CADA ALUNO, UM DE CADA VEZ, VAI OBSERVAR SEUS DENTES COM UM ESPELHO.
3. CONTE QUANTOS DENTES HÁ NA PARTE INFERIOR DA BOCA E QUANTOS HÁ NA PARTE SUPERIOR.
4. OBSERVE TAMBÉM QUANTOS DENTES JÁ FORAM TROCADOS.

5. TODOS OS DENTES SÃO IGUAIS EM TAMANHO E FORMATO? DESENHE SUA ARCADA DENTÁRIA NA FOLHA DE REGISTRO.
6. OBSERVE QUANTOS LADOS TEM UM DENTE E, COM SUA ESCOVA DE DENTES, VERIFIQUE SE É POSSÍVEL ESCOVAR TODOS ESSES LADOS.
7. CASO NÃO SEJA POSSÍVEL ESCOVAR TODOS OS LADOS DE CADA DENTE, PENSE EM UMA SOLUÇÃO PARA HIGIENIZAR TOTALMENTE SEUS DENTES.
8. DEPOIS QUE TODOS DO GRUPO OBSERVARAM E CONTARAM OS DENTES E DESENHARAM A ARCADA DENTÁRIA, COMPAREM OS RESULTADOS.

REGISTRO DOS RESULTADOS E CONCLUSÃO

NOME: _____

TURMA: _____ DATA: _____/_____/_____

1 DESENHE SUA ARCADA DENTÁRIA.

2 QUANTOS DENTES VOCÊ TEM?

_____

3 QUANTOS DENTES VOCÊ JÁ TROCOU?

_____

4 QUANTOS LADOS DE UM DENTE VOCÊ IDENTIFICOU?

_____

_____

5 É POSSÍVEL ESCOVAR TODOS OS LADOS DE CADA DENTE?

_____

_____

6 COMO DEVEMOS PROCEDER PARA TER UMA BOA HIGIENIZAÇÃO E EVITAR A DOR DE DENTE? TROQUE IDEIAS COM OS COLEGAS.

Vida e ambiente

11. Você já observou que as flores têm partes diferentes?

Agora vamos observar como é a estrutura de uma flor.

Material:

- flor de hibisco, lírio ou azaleia;
- lupa de mão;
- folha de papel sulfite;
- fita adesiva;
- lápis;
- pinça.

Como fazer

1. Usando a pinça, retire cuidadosamente as sépalas, em geral verdes, e as pétalas.
2. Com a ajuda do professor, separe a parte masculina da flor.
3. Utilizando a lupa observe os grãos de pólen.
4. Também com a ajuda do professor, localize a estrutura feminina da flor.
5. Cole todas as estruturas na folha de registro e identifique-as.

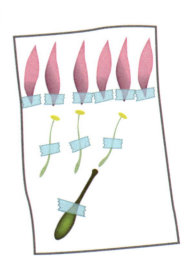

Atenção: não coloque as mãos nos olhos ou na boca durante o experimento e, após sua realização, lave bem as mãos.

Registro dos resultados e conclusão

Nome: _____

Turma: _____ Data: _____/_____/_____

1 Cole aqui as sépalas e pétalas, identificando-as.

2 Agora cole as partes feminina e masculina da flor.

3 Observe os grãos de pólen. Use a lupa para isso.

4 Você já tinha observado as partes de uma flor? O que mais despertou seu interesse nesta atividade? Responda oralmente.

12. Como nascem as plantas?

Material:

- garrafa PET;
- terra para plantar;
- areia grossa ou cascalho;
- fita adesiva;
- água para regar;
- três palitos de sorvete;
- sementes de vegetais;
- prego;
- tesoura sem ponta.

Como fazer

1. Peça que um adulto corte a garrafa PET, como na figura 1, e, em seguida, faça furos com o prego no lado oposto à parte cortada da garrafa.

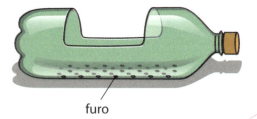
Figura 1.

2. Como na figura 2, fixe dois palitos de sorvete na parte com os furos, evitando que a garrafa role e estrague o cultivo.

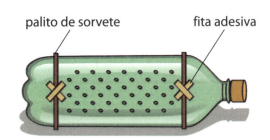
Figura 2.

3. Deite a garrafa, cubra seu fundo com uma camada de cascalho ou areia grossa e coloque terra sobre essa camada (figura 3).

4. Com o palito de sorvete, faça alguns buracos na terra e coloque uma semente em cada um. Cubra os buracos com terra e umedeça-a com água.

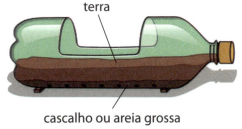
Figura 3.

5. Deixe seus vegetais em um ambiente que receba luz solar e seja protegido da chuva. Regue-os duas vezes por semana.

6. Observe seu desenvolvimento por pelo menos vinte dias.

Registro dos resultados e conclusão

Nome: _____

Turma: _____ Data: _____/_____/_____

1 Quais vegetais você escolheu para cultivar? Por quê?

_____

_____

2 De onde surgiram as plantas? Que estrutura deu origem a elas?

_____

_____

3 Faça um desenho de como ficou seu experimento após vinte dias.

4 Para que você acha que servem os furos no fundo da garrafa? Se eles não tivessem sido feitos, você acha que o desenvolvimento dos vegetais seria igual? Por quê?

_____

_____

_____

_____

13. Toda planta precisa de água?

Vamos verificar a importância da água para o crescimento das plantas.

Material:

- grãos de feijão;
- três vasos para plantas ou floreiras feitas com garrafas PET;
- terra para plantar;
- regador;
- água;
- colher;
- etiquetas;
- canetinhas.

Como fazer

1. Divida a terra igualmente nos três vasos.

2. Identifique-os com a etiqueta numerando-os de 1 a 3.

3. Pegue a terra do vaso 3, espalhe sobre uma superfície, deixe-a secar sob o Sol bem quente por um dia e, depois, recoloque-a no vaso.

4. Em cada vaso, faça um buraco com a colher e coloque cerca de seis grãos de feijão.

5. Regue os vasos 1 e 2 com quantidades diferentes de água, mantendo o vaso 1 com a terra encharcada e o vaso 2 com a terra bem umedecida. O vaso 3 não deve ser regado.

6. Mantenha os vasos em um local iluminado e coberto. Registre, a cada três dias, em fichas, o que está acontecendo com os feijões de cada vaso.

Registro dos resultados e conclusão

Nome: _____

Turma: _____ Data: _____/_____/_____

1 Faça um desenho de como ficou cada vaso após a realização do experimento.

2 A germinação e o crescimento das plantas foram afetados pela quantidade de água?

_____

_____

_____

3 Converse com os colegas e, de acordo com o experimento, concluam qual deve ser a quantidade ideal de água para cultivar os feijões em casa.

14. Toda planta precisa de luz?

As plantas, como todo ser vivo, precisam de elementos básicos para sua sobrevivência. Neste experimento, vamos verificar se a luz é um elemento importante para o desenvolvimento delas.

Nesta atividade, você pode seguir as instruções da página 7 e fazer sua própria floreira.

Material:

- duas plantas do mesmo tipo e da mesma idade, em vasos separados (pode ser broto de feijão);
- uma caixa com tampa para guardar um dos vasos.

Como fazer

1. Coloque uma das plantas em um local em que ela receba luz solar e regue-a dia sim, dia não.

2. Coloque a outra planta na caixa e tampe-a. Lembre-se de também regá-la como a outra.

3. Faça o experimento durante dez dias. Diariamente, observe as duas plantas e faça anotações sobre o desenvolvimento de cada uma delas.

Registro dos resultados e conclusão

Nome: _____

Turma: _____ Data: _____/_____/_____

1 Descreva o que aconteceu com as plantas.

Dia	Planta exposta à luz solar	Planta na caixa

2 Após o experimento, você concluiu que a luz é importante para a sobrevivência das plantas? Explique.

_____

_____

_____

3 Além da luz, quais outros elementos do ambiente são importantes para o desenvolvimento das plantas?

_____

_____

_____

Universo e tecnologia

15. A audição e as vibrações

Vibrações são essenciais para que possamos escutar os sons. Neste experimento você verá como as vibrações estão relacionadas com a recepção dos sons pelas orelhas.

Material:
- tigela redonda ou lata;
- elástico forte;
- um balão de festa;
- uma colher de açúcar;
- panela ou assadeira de metal;
- uma colher de pau;
- tesoura sem ponta.

Como fazer

1. Forme grupo com alguns colegas.
2. Corte o balão ao meio, encaixe a metade na boca da tigela e fixe-a com o elástico.
3. Espalhem o açúcar sobre o pedaço de balão.
4. Agora você e seu grupo produzirão som com a colher de pau batendo-a sobre a assadeira de metal, bem próximo à superfície com o açúcar.
5. Observe o que acontece com o açúcar.

Registro dos resultados e conclusão

Nome: _____

Turma: _____ Data: _____/_____/_____

1 Desenhe os materiais que vocês utilizaram para a produção de som.

2 Foi possível fazer a membrana vibrar? Como foi possível identificar isso?

_____

_____

_____

3 O que representa o pedaço de balão em seu experimento?

_____

_____

16. Representando o ambiente

As maquetes possibilitam representar os ambientes em tamanho menor. Vamos montar uma maquete? Escolha um ambiente, como a sala de aula, uma praça ou um cômodo da sua casa.

Material:

- uma base de papelão;
- papel colorido;
- vários tipos de sucata, tais como caixas de papelão, tampinha, palitos, pequenas embalagens, entre outras;
- cola ou fita adesiva;
- tesoura sem ponta;
- giz de cera.

Como fazer

1. Planeje a maquete, pensando cuidadosamente sobre o ambiente escolhido.
2. Represente-o sobre o papelão, atentando-se aos móveis e outros objetos.
3. Utilizando materiais como caixas pequenas, tampinhas e outros objetos, represente os elementos do ambiente. Você também pode enfeitá-los pintando-os com giz de cera ou encapando-os com papel colorido.

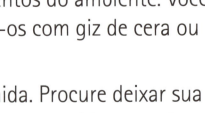

4. Cole os materiais na posição escolhida. Procure deixar sua maquete o mais parecida possível com o ambiente real.
5. Deixe a cola secar por um tempo.

Registro dos resultados e conclusão

Nome: _____

Turma: _____ Data: _____/_____/_____

1 Qual foi o ambiente escolhido para ser representado? Explique por que escolheu esse ambiente.

_____

_____

_____

2 Qual é a importância de preservarmos o ambiente em que vivemos? Converse com o professor e os colegas sobre esse assunto.

3 Exponha a maquete para que todos da escola possam vê-la.

4 Observe as maquetes feitas pelos colegas e compare os materiais usados para representar cada parte do ambiente escolhido. Escolha uma das maquetes e faça um desenho dela.

17. Como funciona uma bicicleta?

Observe na figura como é uma bicicleta. Nós vamos construir a parte da bicicleta que gera o movimento.

Material:
- elástico de dinheiro;
- massinha de modelar ou argila;
- dois pedaços de arame pequenos (12 cm);
- um pedaço de arame médio (35 cm).

Como fazer

1. Peça a ajuda de um adulto para realizar este experimento.
2. Com a massa de modelar, faça dois cilindros de 6 cm de comprimento, um mais fino (2 cm de diâmetro) e outro mais grosso (3 cm de diâmetro).
3. Atravesse o cilindro mais fino com o pedaço de arame pequeno, no sentido do comprimento.
4. Modele um círculo com o arame médio e fixe-o ao pedaço de arame que foi atravessado no cilindro.
5. Passe o outro pedaço de arame pequeno pelo cilindro mais grosso e molde sua ponta representando o pedal de uma bicicleta. Deixe a massinha secar.
6. Enquanto seu colega segura o cilindro mais fino (que já estará com o círculo de arame em volta), você segura o cilindro maior e envolve os dois cilindros com o elástico.

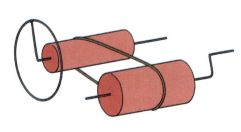

7. Um de cada vez testa o movimento pedalando, ou seja, girando o cilindro mais grosso, para ver o que acontece.

Registro dos resultados e conclusão

Nome: _____

Turma: _____ Data: _____ / _____ / _____

1 Faça um desenho de como ficou seu experimento.

2 O que acontece quando o pedal é girado?

_____

_____

_____

_____

3 Explique de forma simples como funciona a parte da bicicleta que vocês construíram.

_____

_____

_____

_____

4 Você sabe andar de bicicleta?

_____

18. Como funciona um monjolo?

O monjolo é uma máquina simples e antiga, que funciona usando energia da água. Vamos montar um para ver seu funcionamento?

Material:
- colher de plástico;
- 4 palitos de sorvete;
- clipe de papel;
- palito de churrasco;
- fita adesiva;
- furador de papel;
- massa de modelar;
- 1 jarra com água;
- 1 copo descartável pequeno com farinha de milho;
- tesoura sem ponta;
- vasilha pequena.

Como fazer

1. Forme grupo com os colegas.
2. Prendam o cabo da colher de plástico entre dois palitos de sorvete, fixando-os com fita adesiva (figura 1).
3. Com a tesoura cortem o palito de churrasco ao meio. Encaixem as metades entre os dois palitos de sorvete (figura 2).
4. Prendam, com fita adesiva, o clipe na ponta do palito de churrasco (figura 3).

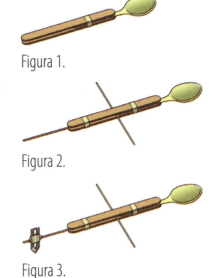

Figura 1.

Figura 2.

Figura 3.

5. Peçam que um adulto faça um furo nas pontas dos dois outros palitos de sorvete com o furador de papel. Depois, fixem-nos à massa de modelar, que servirá como base.
6. Apoiem o palito de churrasco nos furos dos palitos de sorvete e posicionem o copo com a farinha de milho abaixo do clipe e a vasilha abaixo da colher (figura 4).
7. Despejem a água devagar na colher.

Figura 4.

Registro dos resultados e conclusão

Nome: _____

Turma: _____ Data: _____ / _____ /

1 Faça um desenho de como ficou seu experimento.

2 O que faz o monjolo se movimentar?

_____

_____

3 O que aconteceu quando você despejou a água na colher?

_____

_____

_____

4 Como você acha que isso pode ajudar a moer os grãos? Explique.

_____

_____

_____

_____

19. Modelo de aspirador de pó

Vamos simular o funcionamento de um aspirador de pó por meio de um modelo?

Material:
- garrafa PET;
- tesoura sem ponta;
- fita adesiva;
- papel filtro;
- cabo de madeira;
- prego;
- martelo;
- papel picado.

Como fazer

1. Corte a garrafa PET a uns 5 centímetros acima do fundo. Faça uma fenda lateral para depois facilitar o encaixe da outra parte da garrafa.

2. Peça a um adulto que fixe o cabo de madeira na parte interna do fundo da garrafa utilizando o prego e o martelo.

3. Abaixo do gargalo corte a garrafa fazendo um furo de aproximadamente 2 centímetros de diâmetro.

4. Com fita adesiva prenda o papel filtro tampando o furo.

5. Encaixe o fundo na parte maior da garrafa, empurrando-o com o cabo de madeira (como um êmbolo de seringa).

6. Coloque os pedaços de papel picado na mesa, aproxime a boca da garrafa deles e puxe o cabo de madeira para fora. Observe o que acontece.

Registro dos resultados e conclusão

Nome: _____

Turma: _____ Data: _____ / _____ / _____

1 O que aconteceu com os papéis picados quando o cabo de madeira foi puxado?

_____

_____

2 Para fazer seu modelo de aspirador de pó funcionar, você usou energia de seus músculos. No caso de o aspirador de pó que tem em casa, que energia é utilizada para ele funcionar?

_____

3 Além do aspirador de pó, quais outras máquinas usamos em casa? Cite pelo menos duas.

_____

_____

_____

_____

_____

_____

_____

_____

4 Existe alguma máquina em sua casa que, para funcionar, precisa de energia fornecida por músculos de nosso corpo? Qual?

_____

_____

20. Como podemos levantar um objeto pesado?

Uma das máquinas mais utilizadas para levantar objetos pesados é o conhecido macaco. Quando o pneu de um carro fura, por exemplo, é necessário levantar o automóvel para tirar o pneu furado e colocar um que esteja cheio. O macaco é utilizado para fazer isso.

Vamos fazer um modelo de macaco movido a ar?

Material:
- sacola de plástico resistente;
- mangueira de plástico fina;
- fita adesiva;
- alguns livros ou cadernos.

Como fazer

1. Forme um grupo com alguns colegas.
2. Coloquem uma extremidade da mangueira na abertura da sacola.
3. Usem a fita adesiva para fechar a abertura da sacola em volta da mangueira. É importante lacrar bem para que o ar não escape.
4. Em uma mesa, coloquem a sacola e, sobre ela, os livros ou cadernos.
5. Escolham um dos componentes do grupo para assoprar pela extremidade livre da mangueira.
6. Observem o que acontece.

Registro dos resultados e conclusão

Nome: _____

Turma: _____ Data: _____ / _____ / _____

1 Faça um desenho de como ficaram a sacola e os livros/cadernos ao fim do experimento.

2 O que o ar fez com a sacola e os livros/cadernos?

_____

_____

3 Você já viu alguém usando um macaco para suspender um carro? Ele é do mesmo tipo que o macaco que você fez no experimento? Qual é a diferença?

_____

_____

_____